VENTE A PARIS

Le Mardi 11 Décembre 1906

HOTEL DROUOT, SALLE N° 9

COLLECTION DE M. DE L***

MONNAIES GRECQUES

MONNAIES FRANÇAISES

MÉDAILLES ET JETONS

COMMISSAIRE-PRISEUR :	EXPERT :
Me MAURICE DELESTRE	M. ETIENNE BOURGEY
5, RUE SAINT-GEORGES, 5	19, RUE DROUOT, 19

PARIS

ADRESSE TÉLÉGR. ÉTIENBOURG-PARIS

Collection de M. de L***

MONNAIES GRECQUES
MONNAIES FRANÇAISES
MÉDAILLES ET JETONS

VENTE AUX ENCHÈRES PUBLIQUES

A PARIS, HÔTEL DES COMMISSAIRES-PRISEURS, RUE DROUOT, 9

SALLE N° 9, AU PREMIER ÉTAGE

LE MARDI 11 DÉCEMBRE 1906

A DEUX HEURES PRÉCISES

EXPOSITION PUBLIQUE UNE HEURE AVANT LA VENTE

COMMISSAIRE-PRISEUR :	EXPERT :
Me Maurice DELESTRE	M. Étienne BOURGEY
5, rue Saint-Georges	*19, rue Drouot*

PARIS

Exposition particulière :

Le Lundi 10 Décembre, chez M. Etienne BOURGEY, expert, 19, rue Drouot (Téléphone 274-64).

Exposition publique :

Le mardi 11 Décembre, Hôtel des ventes, salle 9, une heure avant la vente.

La vente aura lieu au comptant.

Les acquéreurs paieront dix pour cent en sus des enchères.

L'exposition mettant les acheteurs à même de juger de l'état des pièces, aucune réclamation ne sera admise aussitôt l'adjudication prononcée.

M. Etienne BOURGEY, 19, rue Drouot, se charge aux conditions habituelles (5 o/o sur la limite) des commissions qui lui seront confiées.

L'ordre du catalogue sera suivi ou non. L'expert se réserve le droit de diviser ou de réunir les lots.

MONNAIES ANTIQUES

1 *Belsinum.* Cavalier celtibérien. Denier. Arg. TB.
2 *Osca.* Cavalier avec la lance. Denier. Arg. TB.
3 *Emporiæ.* C. CATO. CO. CA. Tête de Pallas. ℟. EMPORI. Pégase. Br. TB.
4 *Gades. Eliana. Tutia. Ilerda. Minorque.* Ens. 5 p. Br. B.
5 *Gaule.* Type armoricain. 2 p. Bill. Eduens. 4 p. Arg. Ens. 6 p. B. et TB.
6 *Massalia.* Buste de Diane. ℟. ΜΑΣΣΑ. Lion à g. Drachme. Arg. TB.
7 *Hyrina.* Didr. Arg. *Neapolis*, 2 Didr. Arg. Ens. 3 p. AB. et B.
8 — Didr. Arg. *Orra* Br. 4 var. *Tarente.* Didr. archaïque. Arg. Ens. 6 p. B.
9 — Taras sur le dauphin. ℟. Cavalier lançant le javelot; dessous : ΟΛΥΜΠΙΣ. Didr. Arg. B.
10 — Autre. Cavalier casqué, frappant à terre. Didr. Arg. TB.
11 — Autre. Taras combattant. ℟. Cavalier à g. tenant une couronne. Didr. Arg. TB.
12 – Variété. Taras au repos. ℟. Cavalier à dr. frappant à terre. Didr. Arg. TB.
13 — Variétés. Didr. Arg. 3 p. B.
14 — Tête à g. ℟. Cavalier à dr. et dauphin. Didr. Arg. Beau.
15 — Autrs didr. et 5 petites divisions. Arg. *Héraclée.* Hercule et le lion de Némée. Arg. Ens. 7 p.
16 *Métaponte.* Epi. Statère uniface. 2 variétés. Arg. B. et TB.
17 — Statère et divisions. Même type. Arg. 3 p. TB.
18 — Tête de Cérès à dr. ℟. Epi. Statère. Arg. Beau.
19 — Même type varié. Statère. Arg. Troué. B.
20 — Tête de Cérès à g. ℟. Epi. Statère. Arg. B.
21 *Posidonia* Neptune combattant à dr. ℟. Taureau à g. Statère. Arg. Beau.
22 — Même Neptune. Arg. petit mod. *Paestum.* 3 var. Bronze. *Sybaris.* Taureau à g. Statère uniface. Arg. Ens. 5 p. AB. et B.

23 — Variété de ce statère. Arg. TB.

24 *Thurium*. Tête de Minerve à dr. ℟. Taureau cornupète à dr. Statère. Arg. Beau.

25 — Variétés. Taureau à dr. ou à g. Statères. Arg. 2 p. B.

26 *Vélia*. Tête de Pallas à g. ℟. Lion dévorant à g. Didr. Arg. L'avers est mal frappé, mais le revers est très beau.

27 — Tête de Pallas à dr. ℟. Lion à dr. Didr. Arg. 2 variétés. B.

28 — Tête de Pallas à g. ℟. Lion terrassant un cerf à g. Didr. Arg. Beau.

29 — Même didrachme. Arg. Beau.

30 *Bruttiens*. Buste de la Victoire à dr. ℟. Figure nue se couronnant. Dr. Arg. TB.

31 — Bronzes variés. Ens. 7 p. B.

32 *Crotone*. Trépied. Statère uniface. Arg. TB.

33 — Demi-statère uniface. Trépied. ℟. Aigle. Autre variété. Arg. Ens. 3 p. B.

34 Bronzes de Crotone, des Locriens Epizéphyriens, de Rhégium. 6 p. variées. B.

35 *Agrigente*. Aigle à g. ℟. Crabe. Didr. archaïque. Arg. TB.

36 — Même pièce d'époque postérieure. Didr. Arg. TB.

37 — Variété. Aigle à dr. Didr. Arg. TB.

38 — Bronzes divers. Ens. 4 p. B.

39 *Centuripae*. Bronzes variés. Ens. 5 p. B.

40 *Gélas*. Protome de bœuf androcéphale à dr. ℟. Bige à dr. Tétradr. Arg. B.

41 *Leontini*. Tête d'Apollon à dr. ℟. Tête de lion à dr. entre 4 épis. Tétradr. Arg. B.

42 — Le même tétradrachme. Arg. *Messine*. Bronze. Ens. 2 p. AB et B.

43 *Panorme*. (Domination carthaginoise). Tête de Cérès à g. ℟. Cheval debout à dr. Statère. Or. TB.

44 *Syracuse*. Tête archaïque au diadème perlé à dr., entourée de dauphins. ℟. Bige sous une Victoire, à dr. Tétradr. Arg. TB.

45 — Même tétradrachme varié. Arg. Beau.

46 — Autre variété. Tétr. Arg. Beau.

47 — Tête d'un autre style avec chignon sur la nuque. ℟. Le même. Tétr. Arg. B.

48 — Tête de femme à gauche, entourée de dauphins. Signée ΕΥ. ℟. Quadrige à dr., l'aurige couronné par la Victoire. Tétradr. Arg. Beau.

49 — Tétradr. Didr. au type corinthien et division. Arg. Ens. 3 p. B.

50 — Grand bronze archaïque globuleux, Hiéron, etc. Br. Ens. 4 p. B.

51 *Cossura*. Bronze au type phénicien. *Istrus*. Têtes opposées. ℞. Aigle sur un dauphin. Drachme. Arg. Ens. 2 p. B.

52 *Ænus*. Tête de Mercure à dr. ℞. AINI. Chèvre à dr. Tétradr. Arg. Troué. B. Rare.

53 *Cherronesus*. XEP. Diane terrassant un cerf. ℞. ΕΥΔΡΟΜ. Taureau à g. sur une massue. Petit Br. contremarqué d'un dauphin Beau.

54 *Thasos*. Tête de Bacchus jeune à dr. ℞. Hercule debout. Tétradr. Arg. Satyre et nymphe. Didr. Arg. Ens. 2 p. AB. et TB.

55 — Satyre avec la nymphe ou seul. Arg. divisions 2 p. B.

56 *Lysimaque*. Tête cornue à dr. ℞. Pallas nicéphore assise à g. Tétradr. Arg. Très beau.

57 — La même pièce avec le différent d'Amphipolis. Tétr. Arg. TB.

58 — Tétradr. et drachmes. Arg. Ens. 3 p. B.

59 *Dyrrachium*. *Apollonia*. Vache et veau. ℞. Jardins d'Alcinoüs. Didr. et drachmes. Arg. 3 p. B. et TB.

60 *Macédoine sous les Romains*. Tête de Diane sur un bouclier. ℞. ΜΑΚΕΔΟΝΩΝ ΠΡΩΤΗΣ. Massue. Tétr. Arg. TB.

61 — Tête d'Alexandre-le-Grand. ℞. AESILLAS. Q. Insignes de la questure. Tétr. Arg. et P.B. de Philippi. Ens. 2 p. B.

62 *Rois de Macédoine*. Philippe II. Tête de Jupiter. ℞. Ephèbe à cheval. Tétr. Arg. B.

63 Alexandre-le-Grand. Tête casquée de Pallas à dr. ℞. La Victoire debout à g. Statère. Or. Très beau.

64 — Tête d'Hercule à dr. ℞. Jupiter ætophore assis à g. Tétr. 2 var. et drachme. Arg. Ens. 3 p. B.

65 — Division de l'obole aux mêmes types. Arg. TB. Rare.

66 Démétrius Poliorcète. Sa tête diadémée et cornue à dr. ℞. Neptune nu, le pied sur un rocher. Tétr. Arg. Trou rebouché. B.

67 Antigone Gonatas. Tête de Pan sur un bouclier macédonien. ℞. Pallas combattant à g. Tétr. Arg. TB.

68 Bronzes variés des rois de Macédoine. Ens. 4 p. B.

69 *Lamia*. Drachme. *Larissa*. Didrachme. *Corcyre*. Drachme. Arg. Ens. 3 p. B.

70 *Anactorium*. *Leucas*. Didrachmes de type corinthien. Arg. 3 p. B.

71 *Tyrrheium*. Didrachme même type. Arg. Rare. TB.

72 *Locri Opuntii*. *Phocide*. *Béotie*. *Thèbes*. Arg. 5 p. B.

73 *Athènes*. Tétradrachmes archaïsants. Drachme. Arg. 4 p. B. et TB.

74 — Tétradr. aux noms d'Apellikon et Gorgias. Arg. Beau.

75 — Autre aux noms d'Herakleides et Eukles. Arg. Beau.

76 *Egine*. Drachme et division. *Ligue Achéenne*. Drachme. Arg. Ens. 3 p. B.
77 *Corinthe*. Tète de Pallas à dr. ℞. Pégase à dr. Tête de Pallas à g. ℞. Pégase à g. Didr. Arg. Ens. 4 p. B.
78 — Même type à g. et variété avec le casque lauré. Didr. Arg. 2 p. B. et TB.
79 — Drachme. *Sicyone*. *Argos*. *Thyrea*. *Eubée*. *Histiaea*. Drachmes et divisions. Arg. Ens. 9 p. AB, B et TB.
80 *Amisus*. *Pharnacia*. *Rhemétalcès*. *Rhescuporis III*. Bronzes variés. Ens. 6 p. AB, B et TB.
81 *Sinope*. Drachme. Arg. *Nicée*. *Assus*. *Parium*. Br. *Pergame*. Cistophores. 4 p. Arg. et 1 Br. Ens. 9 p. B et TB.
82 *Clazomène*. *Ephèse*. *Erythrée*. *Rhodes*. 8 p. Arg. et 4 p. Br. Ens. 12 p. B.
83 *Sidé*. Tête de Pallas à dr. ℞. Victoire à gauche et grenade. Tétrad. Arg. TB.
84 — La même pièce. *Ariarathe VI*. Drachme. Arg. Ens. 2 p. B et TB.
85 *Rois de Syrie*. Antiochus I. Sa tête à dr. ℞. Apollon assis. Tétrad. Séleucus III. Drachme. Ens. 2 p. AB.
86 Antiochus III. Même type d'Apollon. Tétr. Arg. B.
87 — Tétradrachme varié et drachme. Arg. 2 p. B.
88 Antiochus IV. Sa tête à dr. ℞. Jupiter assis à g. Tétrad. Alexandre Bala. Drachme. Arg. Ens. 2 p. TB.
89 Antiochus VII. Sa tête à dr. ℞. Pallas nicéphore debout à g. Tétr. Arg. Beau.
90 Démétrius II. Tête barbue à dr. Aigle à g. sur un gouvernail. Tétr. Arg. TB.
91 Antiochus VIII. Tête à dr. ℞. Jupiter nu debout à g. Tétr. Arg. Beau.
92 Philippe. Tétradrachme. Arg. et 5 bronzes variés des rois de Syrie et d'Antioche. Ens. 6 p. AB, B et TB.
93 *Tyr*. Tête d'Hercule jeune. ℞. Aigle et massue. Tétr. Arg. *Aradus*. *Judée*. Bronzes. Ens. 7 p. B.
94 *Rois de Perse*. Darique. Arg. et Br. *Satrape de Syrie*. Baaltars assis. ℞. Lion et ancre. Tétr. Arg. Ens. 3 p. AB et B.
95 *Rois Arsacides*. Mithridate I et ses successeurs. Drachmes. Arg. 4 p. TB.
96 — Autres. Arg. 9 p. variées. B et TB.
97 *Rois Sassanides*. Sapor I. Varahran I. Varahran II (trouée). Narsès. Arg. 4 p. B et TB.
98 Sapor II. Izdegerd III, etc. Arg. Ens. 8 p. B et TB.
99 *Rois de Bactriane*. Eucratidès. Azès. Arg. 3 p. Flan carré. Br. Ens. 5 p. B et TB.

100 Ménandre. Arg. 2 variétés. Belles.

101 *Rois d'Egypte*. Tétradrachme frappé par Ptolémée Soter au nom d'Alexandre Ægus. Arg. Très beau.

102 — Le même. Arg. Très beau.

103 Ptolémée Soter. Tétradr. Arg. 2 p. TB.

104 Tête de Jupiter Ammon à dr. ℟. Aigle sur un foudre. Br. 40 et 42 m/m. 2 p. B et TB.

105 — Mêmes types plus petits. Ptolémée Ier et Bérénice. Leurs têtes. Br. Ens. 3 p. B et TB.

106 — Autre. Cléopâtre I. Cléopâtre II. Br. Ens. 3 p. AB, B et TB.

107 *Cyrène*. Tête d'Ammon imberbe à dr. ℟. Silphium. Didr. Arg. B.

108 — Tête d'Ammon barbu à dr. ℟. Silphium. Drachme. Arg. B.

109 *Carthage*. Tête de Cérès à g. ℟. Cheval. Drachme. Tête de cheval des deux côtés. Division de l'obole. Arg. 2 p. et 5 p. Br. Ens. 7 p. B et TB.

110 *Numidie*. Micipsa. Cheval debout. Cheval au galop. Br. et plomb. 4 p. AB et B.

111 Juba II. Buste à dr. ℟. Temple. Denier. Arg. TB.

MONNAIES FRANCAISES

112 **Mérovingiens**. *Dorestat*. DORESTAT FT. Tête à dr. ℟. MAΔELINVS II. Croix sur un degré et 6 globules. Triens. Or pâle. TB, mais un peu ébréché.

113 + *Foix*. ϹASTPOFVSϹI. Tête à dr. ℟. + ODARENTE MON. Croix sur 2 degrés (Prou, XXXIV. 19). Triens. Or. TB.

114 *Javols*. Buste à dr. entre 2 palmes. ℟. GAVALETANO F. Calice sur un trait. Dessous BAN (Prou, XXX. 13 var.). Triens. Or. TB.

115 *Lyon*. Buste à g. ℟. Croix sur un degré et un globule, accostée de L-U dans un grénetis. (Type de Sigebert à Marseille. Combrouse pl. 28. 10). Triens. Or. TB.

116 *Maestricht*. TRIECTO FIT. Buste à dr. ℟. ZRIMOALDVS M. Croix accostée de 2 globules dans un grénetis. Triens. Or. TB.

117 *Marsal*. MARSALLO VICO. Buste à dr. ℟. + GISLOALDVS MONET. Croix accostée de C—A dans un grénetis (Prou. 966). Triens, Arg. TB.

118 *Marseille.* Buste de Sigebert III à g. avec traces de lég. + ƧICI... ℟. Traces de légende. Croix sur un degré, accostée de A—M dans un grènetis. Triens. Or. B.

119 — .. VTXƧ. Même buste à dr. ℟. Traces de la légende VICTORIA. Croix sur un degré et un globule, accostée de M—A dans un grènetis. Triens. Or. B.

120 *Poitiers.* + PECTAVOS IC. Tête barbare à dr. ℟. + GOCOLAICOMИ. Croix. (Combrouse. pl. 36. 9). Triens. Or. TB.

121 *Tours.* + TVRONAS. Buste diadémé à g. ℟. MAVRVS MO Croix sur 2 degrés (Prou, 315 var.). Triens. Or. TB.

122 **Monnaies royales.** *Philippe IV.* Agneau pascal. Dessous PH. REX. ℟. Croix feuillue (H. 1).Agnel d'or. TB.

123 + PHILIPPVS ⁝ DEI ⁝ GRA ⁝ FRANCHORVM ⁝ REX. Le roi assis de face, tenant un sceptre et un lis, dans une rosace. ℟. + XPC ⁝ etc. Croix cantonnée de lis dans une rosace (H. 4). Masse d'or. TB.

124 *Philippe VI.* Le roi debout sous un dais gothique (H. 1). Royal d'or. TB.

125 Le roi tenant une épée et un écu, assis sur un siège gothique (H. 3). Ecu d'or. TB.

126 Le roi tenant deux sceptres, assis, les pieds sur un lion. (H. 6). Lion d'or. TB.

127 Le roi tenant un sceptre et la main de justice, assis sur un siège gothique, dans une rosace. (H. 14). Chaise d'or. TB.

128 *Jean le Bon.* Le roi tenant une épée et un écu, assis sur un siège gothique (H. 1). Ecu d'or. B.

129 Le roi tenant un sceptre, debout sous un dais (H. 8). Royal d'or. TB.

130 *Charles VI.* Ecu. (H. 1). Or. TB.

131 *Charles VII.* Le roi debout sur un champ fleurdelisé. (H. 9). Royal d'or, frappé à Tours. TB.

132 *Louis XI.* Ecu au soleil. Lyon. (H. 1). Or. TB.

133 Ecu à la couronne. Toulouse (H. 4). Or. Très beau.

134 *Charles VIII.* Ecu au soleil. Poitiers (H. 2). Or. TB.

135 Ecu accosté de deux hermines. Angers. (H. 7). Ecu au soleil. Or. TB.

136 *Louis XII.* Ecu au soleil. Lyon (H. 1). Or. TB.

137 Ecu accosté de deux porcs-épics. Lyon (H. 6). Or. TB.

138 Ecu au soleil pour le Dauphiné. Montélimar. Or. TB.

139 + LVD : DEI : GRACIA : FRANCOR : REX : Z : IANVE : D : Ecu de France. ℟. + XPS : etc. Croix fleurdelisée. Ecu au soleil pour Gènes (H. 104). Or. Très beau.

140 *François I.* Ecu au soleil. Lyon. (H. 4). Or. TB.

141 Ecu à la croisette. Lyon. (H. 12). Or. TB.

142 Ecu du Dauphiné (H. 20). Or. FDC.
143 Buste couronné à dr. ℞. NO NOBIS. etc. Ecu couronné entre deux F. Lyon. (H. 42). Teston. Arg. TB.
144 Buste avec chaperon couronné. ℞. XPS. etc. Ecu de France dans une rosace. Rouen (H. 59). Teston. Arg. TB.
145 *Henri II*. Buste cuirassé à dr. ℞. DVM. TOTVM. COMPLEAT. ORBEM. 1557. Croix de 4 H couronnées, cantonnée de 2 croissants et 2 lis. Rouen. (H. 23). Double Henri d'or. Très belle pièce, rare dans cet état.
146 Buste cuirassé à dr. ℞. XPS. etc. Ecu entre deux H couronnés. Poitiers. 1554. (H. 35). Teston. Arg. Très belle pièce.
147 Tête à dr. ℞. XPS. etc. Même revers. Toulouse. 1557. (H. 65). Teston. Arg. FDC.
148 *Charles IX*. CAROLVS. VIIII. G. FRANCO. RX. M : DLXVII. Ecu au soleil. La Rochelle (H. 1 var.). Or. TB.
149 CAROLVS. VIIII. etc. Buste lauré et cuirassé à g. ℞. SIT. etc. M. D. LXII. Ecu entre deux C couronnés. Toulouse. (H. 10). Teston. Arg. TB.
150 — Variété sans les deux C accostant l'écu. Même date. Paris (manque à Hoffmann). Teston. Arg. TB.
151 Teston du Dauphiné. CAROLVS. 9. etc. Même buste à g. ℞. XPS. etc. Ecu de France-Dauphiné entre deux C couronnés. 1567 (H. 17). Arg. TB.
152 *Henri III*. Franc. Bordeaux. 1585. (H. 20). Arg. TB.
153 *Henri IV*. Demi-franc, Toulouse, 1603 (H. 44). Quart de franc, Lyon, 1590 (H. 39). Arg. 2 p. B.
154 *Louis XIII*. Ecu au soleil. Rouen. 1637. (H. 6). Or. Extrêm. beau.
155 Tête laurée à dr. 1640. Paris. (H. 22). Louis d'or. FDC.
156 Demi-franc. Buste nu fraisé à dr. ℞. Croix feuillue, 1615. Troyes. (H. 62). Arg. B.
157 Louis d'argent de 15 sols. Paris. 1642 (H. 89 et 94). 2 p. FDC.
158 *Louis XIV*. Tête laurée à dr. ℞. Ecu de France, en pointe étoile et croissant. 1690. Double louis. Lyon (H. 28). Or. Superbe.
159 Louis aux 8 L. Lyon. 1709. (H. 42). Or. FDC.
160 Quart d'écu blanc à la mèche courte. Lyon. 1644 (H. 61). Arg. FDC.
161 Buste cuirassé avec cravate. ℞. SIT. etc. Ecu couronné. Rennes. 1680 (H. 113). Ecu du Parlement. Arg. Très belle pièce.
162 Buste drapé. ℞. Quatre doubles L couronnées en croix. 1691. Montpellier (H. 133). Ecu aux huit L. Arg. TB.
163 Buste cuirassé. ℞. Huit L couronnées en croix; au centre, 3 lis. 1705, Rennes (H. 174). Ecu aux huit L. Arg. FDC.

164 *Louis XV*. Tête enfantine couronnée à g. Au bas 1717. ℞. Quatre écus couronnés cantonnés de lis. Paris. Double Louis de Noailles (H. 6). Or. Très belle pièce.

165 Buste enfantin, lauré, à dr. ℞. Deux L sous une couronne. Paris, 1720 (H. 11). Louis d'or. FDC.

166 Tête laurée à dr. Au bas 1723. ℞. Deux L cursives, couronne et palmes. Double louis dit mirliton. Paris (H. 13). Or. Extrêm. beau.

167 — Louis dit mirliton. 1724. Même type. Poitiers (H. 14). Or. Jolie pièce. FDC.

168 Louis aux lunettes. Ecus de France et de Navarre couronnés. 1726. Paris (H. 16). Or. FDC.

169 Petit louis d'argent. Lille. 1720 (H. 33). Arg. FDC.

170 Vingt sols de Navarre. Paris. 1719 (H. 38). Tiers d'écu. Paris 1721 (H. 42). Arg. 2 p. FDC.

171 Ecu de France, émis pour 9 livres. Buste lauré à dr. ℞. Ecu. Amiens, 1724 (H. 40). Arg. Très jolie pièce. FDC.

172 Ecu aux huit L émis pour 4 livres. Buste lauré à dr. ℞. 1724. Quatre lis en croix au milieu de 4 doubles L et 4 couronnes. Amiens (H. 45). Arg. FDC.

173 Ecu aux lauriers, émis pour 5 livres. Buste à g. Rouen. 1726 (H. 50). Arg. Extrêm. beau.

174 Ecu au bandeau, émis pour 6 livres. Tête à g. Amiens. 1742 (H. 55). Arg. FDC. Rare dans cet état.

175 Livre ou pièce de 20 sols pour la Cie des Indes. Deux L adossées. 1720 (H. 84). Arg. FDC.

176 *Louis XVI*. Louis Constitutionnel de 24 livres. Génie écrivant. 1793. Paris (H. 59). Or. TB.

177 Ecu de 6 livres au même type. Limoges. 1792 (H. 60). Arg. Très beau.

178 *République*. Génie écrivant, au bas 1793. ℞. 24 LIVRES AN II. Paris. Or. TB.

179 Monneron au serment. Le roi jurant la Constitution. Sur l'autel: DUPRÉ. 1791 (Hennin 217). Br. FDC.

180 — Variété, signée D.F. 1791 (H. 219). Br. FDC.

181 — Autre, sans signature. 1791 (H. 220). Br. FDC.

182 La République Cisalpine debout et la France assise. Scudo de 6 lire. An VIII. Arg. FDC.

183 Pièce de 30 soldi. An IX. Arg. FDC.

184 *Joachim, roi de Naples*. Sa tête à g. ℞. Légende. Pièce de 12 carlins. 1809. Arg. TB.

185 — Autre de 1810. Arg. Extrêm. belle.

186 *Joseph Napoléon, roi d'Espagne*. Son buste à g. ℞. Ecu d'Espagne. Madrid. 1810. Douro. Arg. FDC.

187 *Napoléon III*. Dix francs. 1854. Paris. Tranche lisse. Or. TB.

188 Cinq francs. 1854. Paris. Tranche lisse. Or. TB.

189 **Monnaies féodales et étrangères.** *Arles*. Etienne de la Garde. Lis. ℟. St-Jean (P. A. XCIII. 5 var.) Florin. Or. TB.

190 *Orange*. Raymond III ou IV. Florin au St-Jean-Baptiste. Différent : un casque (P. A. 4521). Or. TB.

191 *Dauphiné*. Humbert II. Florin au St-Jean-Baptiste (P. A. CVIII. 2). Or. TB.

192 *Flandre*. Philippe le Bon. Lion assis sous un portail. ℟. Ecu écartelé de Bourgogne, parti de Flandre. Lion d'Or. TB.

193 Philippe le Beau. Majorité. Buste de Saint-Philippe sur l'écu des Pays-Bas. ℟. Croix feuillue. Florin Philippus. Or. TB.

194 — Demi-florin aux mêmes types. Or. TB. Rare.

195 *Hollande*. Guillaume de Bavière. Le Comte assis, tenant une épée et un écu. Ecu à la chaise, dit Klinkaert. Or. TB.

196 *Francfort*. Florin au titre de l'Empereur Sigismond et au type de St-Jean. Or. TB.

197 *Mayence*. Jean II de Nassau. Ecu parti de Mayence et de Nassau. ℟. St-Jean-Baptiste. Florin. Or. TB.

198 — Variété. Deux petits écus dans la légende du droit. Florin. Or. TB.

MÉDAILLES

199 ANT. EPI. PORTV. S. R. E. CAR. MONTE. Buste à dr. ℟. Bœuf à dr. couronné par un ange. Br. 35 m/m. TB.

200 *Intervention de Mazarin à Casal*. Son buste à dr. ℟. CASALI. 1630. Mazarin à cheval se précipitant entre deux armées, auxquelles il annonce la paix. Br. 53 m/m. TB.

201 *Innocent X*. Son buste à dr. avec la calotte. ℟. VNDE VENIT AVXILIVM MIHI. La Vierge entre deux Anges. Or. 30 m/m. TB.

202 *Louis XIV*. LVD. XIIII D. G. FR. ET NAV. REX. Buste lauré et drapé à dr. ℟ HVISSIER ORDINAIRE DV ROY ET DE SON GRAND CONSEIL. Ecu de France couronné. De chaque côté un sceptre et une main de justice en sautoir. Sur une banderolle VNICO. VNIVERSVS. (TN. III. pl. V. 3). Br. doré. 51 m/m. et bélière. Très belle médaille. Très rare.

203 — Variété d'un autre style. Br. doré. 51 m/m. Bélière et anneau. TB.

204 *Charles XII roi de Suède.* Son buste lauré à dr. ℞ Le roi à genoux près des attributs royaux. Au bas 1665. Méd. ovale. Arg. 48 sur 42 m/m. TB.

205 *Triomphe du Catholicisme à Nimègue.* Louis XIV à cheval à g.; dans le fond, Nimègue assiégée. ℞. Guerrier assisté de la Religion, abattant le lion Belgique et une furie. 1673 (Van Loon III. 87). Br. 44 m/m. TB.

206 *Colbert.* Son buste à dr. ℞. ABSTINET ET SERVAT. 1674. Le dragon des Héspérides gardant les fruits d'or. Br. 61 m/m. TB.

207 *Révocation de l'Edit de Nantes.* 1685 Louis XIV à cheval à dr. ℞. La Religion foulant l'Hérésie, et Victoire s'élevant. Br. 60 m/m. TB.

208 — Le roi debout, le pied sur l'Hérésie terrassée. ℞. Lég. en 8 lignes. Br. 63 m/m. TB.

209 *Construction de 300 églises.* Buste de Louis XIV lauré et cuirassé à dr. ℞. La Religion assise devant un temple en construction. Br. 72 m/m. TB.

210 *Régence de Philippe d'Orléans.* Tête laurée de Louis XV à dr. ℞. Le Régent et le roi enfant. Arg. 37 m/m. Très jolie médaille.

211 *Innocent XIII.* 1721. Son buste à dr. avec la tiare. ℞. Guerrier céleste terrassant une hydre. Arg. 31 m/m. TB.

212 *Clément XII.* 1733. Son buste à dr. avec la calotte. ℞. Arc de triomphe. Arg. 33 m/m. TB.

213 *Ph. Gaz d'Azenay.* 1747. Ecu de la ville de Bourges. ℞. Ecu au coq. Br. 40 m/m. TB.

214 *Prix Houstet.* Ecole de chirurgie pratique. 1765. Tête laurée de Louis XV à dr. Br. 41 m/m. TB.

215 *Mariage du Dauphin.* 1770. Buste de Marie-Antoinette à dr. ℞. L'Hymen et la Concorde près d'un autel. Arg. 43 m/m. TB.

216 *Prise de Boston.* 1776. Buste de Washington à dr. ℞. Washington à cheval avec son état-major devant la ville assiégée. Br. 68 m/m. TB.

217 *Centenaire de la réunion de Strasbourg.* 1781. Buste de Louis XVI à dr. ℞. ARGENTORATVM FELIX VOTIS SECULARIBUS MDCCLXXXI. Couronne de chêne. Arg. 42 m/m. TB.

218 *Ascension du de « Flesselles » à Lyon.* La Renommée sur un lion, regardant s'élever une montgolfière. ℞. Lég. en 14 lignes. Br. 41 m/m. TB.

219 *J. d'Alembert.* 1785. Son buste à g. ℞. A L'IMMORTALITÉ, dans une couronne de lauriers. Br. 60 m/m. TB.

220 *Jonction souterraine de l'Escaut et de la Somme.* 1785. Buste de Louis XVI à dr. ℞. Fleuves réunissant leurs eaux par un souterrain d'où s'envole un Génie. Br. 55 m/m. Très belle.

221 *Mort de Frédéric le Grand*. 1786. Son buste à g. avec chapeau galonné. ℟. Urne. Arg. 44 m/m. TB.

222 *Exécution de Louis XVI*, 1793. Bustes à dr. du roi et de la reine. ℟. Scène de l'exécution (Hennin. 465). Br. 50 m/m. TB.

223 *Insignes d'huissiers*. LOUIS XVI ROI DES FRANÇAIS, PÈRE D'UN PEUPLE LIBRE. Son buste à dr. ℟. ACTIONS-DE LA LOI dans une couronne de chêne. (T.N. XXXIII. 12). Br. doré. 37 sur 31 m/m. Bélière et anneau. TB.

224 — La même pièce. Bronze. 37 sur 32 m/m. Bélière et anneau. TB.

225 ACTION-DE-LA LOI en creux des deux côtés, sur un soleil rayonnant, ajouré et renfermé dans un cercle ovale. Cuivre. 48 sur 40 m/m. Bélière et anneau. TB.

226 ACTION-DE LA-LOI en creux des deux côtés, entouré d'une guirlande au trait dans un filet. Ovale. Cuivre jaune. 52 sur 44 m/m. Bélière et anneau. TB.

227 ACTION-DE-LA LOI en creux de chaque côté dans un cordonnet avec rebord. Ovale. 45 sur 35 m/m. Cuivre jaune. Bélière et anneau. TB.

228 ACTION-DE-LA LOI en creux de chaque côté dans une guirlande de lauriers au trait. C. jaune. 30 m/m. Bélière et anneau. TB.

229 ACTION-DE LA LOI au ℟. FORCE-A-LA LOI en creux dans une guirlande en relief avec rebord. Ovale. 44 sur 36 m/m. Cuivre avec bélière et anneau. TB.

230 ACTION-DE-LA LOI. ℟. TRIBUNAL-DE-CASSATION. Légende cursive en creux dans un octogone ornementé à l'extérieur. 45 sur 35 m/m. C. jaune. Bélière et anneau. TB.

231 LOIX, JUSTICE, UNION, FORCE D'UN PEUPLE LIBRE. La Loi sur deux faisceaux en sautoir. Epée, bonnet phrygien et lauriers. ℟. ACTIONS-DE-LA LOI entouré de chêne. Ovale. 37 sur 31 m/m. (TN.L.3). Br. doré. Bélière et anneau. TB.

232 RÉPUBLIQUE FRANÇAISE. La Liberté debout à g. signé M. ℟. ACTION-DE LA LOI. TRIBUNAL D'APPEL cerné de chêne et et de laurier, signé MAURISSET. Ovale, 40 sur 30 m/m. (TN.LXXXI.4). Br. doré. Bélière et anneau. TB.

233 Même droit. ℟. ACTION-DE LA LOI. TRIBUNAL CRIMINEL. Même entourage. Ovale, 40 sur 30 m/m. (TN.LXXXI.5). Br. doré. Bélière et anneau. TB.

234 Même droit. ℟. ACTION-DE LA LOI. TRIBUNAL DE PREMIÈRE INSTANCE, même entourage. Ovale. 40 sur 30 m/m. (TN.LXXXI.7). Br. doré. Bélière et anneau. TB.

235 — La même pièce signée MAURISSET des deux côtés. Br. doré. Bélière et anneau. TB.

236 *Prise de Mayence*. 1793. Femme couronnant un guerrier. Dans le fond, la ville. ℟. MAYNZ WARD EINGENOMMEN DEN 22 IVLIVS 1793. (H. 521) Arg. 31 m/m. TB.

237 — Buste de Frédéric-Guillaume II à dr. ℞. Vue de Mayence. (H. 522). Arg. 51 m/m. TB.

238 *Jean-Jacques-Rousseau*. Sa tête à g. ℞. PANTHÉON OUVERT A J. J. ROUSSEAU AN III. (H. 639). Arg. 35 m/m. TB.

239 *Jenner inventeur de la vaccine*, 1796. Son buste à g. ℞. Ronde d'enfants autour d'une vache. Arg. 31 m/m. TB.

240 *Médaille militaire tyrolienne* (donnée à l'occasion des guerres contre la France). 1796. Tête laurée de François II à dr. (H. 771). Arg. 35 m/m. Bélière. TB.

241 — Autre. 1797. Arg. 39 m/m. Bélière. TB.

242 — Variété. Même date. (H. 838). Arg. 39 m/m. Bélière. TB.

243 *Victoires remportées sur les Français par Charles-Louis-d'Autriche*. 1798. Buste casqué à dr. ℞. RHENI PACATOR ET ISTRI. BOHEMIA FELIX. MDCCLXXXXVIII. Arg. 42 m/m. TB.

244 — CAROLVS ARCHID. AVST. Son buste à g. avec casque empanaché. ℞. VIRTVTE CONSILIO. Trophée. 1799. (H. 882). Arg. 48 m/m. TB.

245 *Paix de Lunéville*. 1801. Buste de l'archiduc Charles à dr. casqué et couronné de chêne. ℞. Ecu de Bohême et paysage. (TN. pl. 84. 4). Arg. 42 m/m. TB.

246 — La même en bronze. 42 m/m. TB.

247 *Paix d'Amiens*. 1802. Tête de Bonaparte à g. ℞. LE RETOUR D'ASTRÉE. La Justice revenant sur le Globe. Tranche inscrite. (Millin XI.52). Arg. 40 m/m. Très belle médaille.

248 — Buste lauré à g. ℞. PAIX D'AMIENS. Bonaparte offrant une branche d'olivier à l'Angleterre étendue. (M.XVI.51). Br. 49 m/m. TB.

249 *Constitution italienne faite à Lyon*. An X. Génie présentant la Constitution à la République Cisalpine. ℞. Légende en six lignes (M.XVII.57). Br. 54 m/m. TB.

250 *Construction de 2.000 barques*. 1804. Tête laurée de Napoléon à dr. ℞. Hercule enchaînant un léopard. (M.XXX.81). Arg. 40 m/m. TB. Rare.

251 *Ordre de la Couronne de Fer*. 1805. Tête laurée de Napoléon à g. ℞. Décoration. (TN.VII.10). Br. Octogone. TB.

252 *Bataille d'Iéna*. 1806. Tête de Napoléon. ℞. Jupiter foudroyant les Titans. (M.XL.202). Br. 40 m/m. TB.

253 *Etablissement du Grand-Duché de Varsovie* 1807. Tête de Napoléon. ℞. Trône et insignes (M.XLII.223). Br. 40 m/m. TB.

254 *Erection du royaume de Westphalie*. 1807. Tête de Napoléon. ℞. Ephèbe arrêtant un coursier. (M.XLII.224). Br. 40 m/m. TB.

255 *J.-B. Morgagni, chirurgien. Rome*. 1808. Son buste à dr. ℞. Minerve donnant un scalpel au Génie de la Médecine, près d'un cadavre ouvert. Br. 68 m/m. TB.

256 *Bataille de Wagram*. 1809. Tête diadémée de Napoléon à dr. ℞. Victoire s'élevant à dr. (M. XLVIII. 248). Arg. 42 m/m. TB.

257 *Police du royaume d'Italie*. REGNO D'ITALIA. Armes d'Italie sous l'Empire. ℞. COMMESSO DI POLIZIA dans une couronne de chêne. Br. 49 m/m. TB. Rare.

258 *Décoration autrichienne*. Campagne de 1813-1814. Croix à quatre branches, avec bélière. Br. TB.

259 *William Pitt*. Sa tête à g. ℞. Inscription en douze lignes à sa mémoire. 1814. Br. 53 m/m. TB.

260 *Paix de Paris*. 1814. Tête laurée d'Alexandre I à dr. ℞. ORBIS TE LAUDAT PACATVS. MDCCCXIV. Br. 53 m/m. TB.

261 — Bustes à dr. des souverains de Russie, d'Autriche, de Prusse et d'Angleterre. ℞. La Paix debout. Br. 48 m/m. TB.

262 *Pie VII*. Retour de captivité 1814. Son buste à g. ℞. Lég. en 8 lignes sous un Saint-Esprit. Hommage des catholiques anglais et irlandais. Br. 54 m/m. TB.

263 *Petites médailles allemandes*. Entrée à Paris, 31 mars 1814. Arg. TB.

264 — Victoire de Tolentino, 2-3 mai 1815. Arg. TB.

265 — Occupation de Rome. 3 mai 1815. Arg. TB.

266 — Combat de Popoli. 11 mai 1815. Arg. TB.

267 — Victoire de Belle-Alliance, 1815. Arg. TB.

268 — Reddition de Paris, 1815. Arg. TB.

269 — Reddition de Lyon, 1815. Arg. TB.

270 *Paix de Paris*. 1815. Tête laurée de Frédéric-Guillaume III à dr. ℞. Allégorie de Saarlouis ajouté à la Prusse. Arg. 42 m/m. TB.

271 *Aux braves armées françaises*. Hercule assommant des géants. Au bas. J. P. DROZ. MDCCCXIX. ℞. CENT VINGT-NEUF EXPOITS CÉLÉBRÉS DE 1792 A 1815, etc., dans une couronne de laurier. Br. 55 m/m. TB.

272 *Insignes d'huissiers*. Tribunal civil du département de la Seine. ACTION DE LA LOI. Ecu fleurdelisé. Arg. 33 m/m. Bélière. TB.

273 — La même pièce, Cuivre argenté. Bélière. TB.

274 Tribunal civil du département de la Seine. ACTION DE LA LOI. Charte. 1830. Arg. Bélière. TB.

275 *Insignes divers*. DOMAINES IMPÉRIAUX sur une banderolle. Œil rayonnant au-dessus d'un aigle. Plaque uniface. 95 sur 65 m/m. Cuivre, TB.

276 LIGNES TÉLÉGRAPHIQUES. Aigle couronné sur un foudre. Dessous : SURVEILLANT. Plaque uniface à angles abattus 85 sur 70 m/m. Cuivre. TB.

277 ADMINISTRATION DES POSTES. SERVICE DES DÉPÊCHES. Aigle couronné à g. sur un foudre. Plaque uniface ovale 69 sur 55 m/m. Cuivre. TB.

278 ADMINISTRATION DES POSTES. — SERVICE RURAL. Aigle couronné sur un foudre à dr. Gros grénetis. Plaque uniface ovale. 78 sur 64 m/m. Cuivre. TB.

279 *Médecine*. Méd. décernée à M. Lapeyre, médecin d'Avène (Hérault), 1858. Tête de Napoléon III à dr. ℞. Lég. dans une guirlande. Arg. 50 m/m. TB.

280 — Autre médaille décernée au même, 1864. Tête laurée de Napoléon III à g. Arg. 57 m/m. TB.

281 *Mobiles de la Gironde*. 1870-1871. Tête de la République à g. Décoration. Arg. 27 m/m. et bélière. TB.

282 *Réveil de Paris*. Société de tir. Buste de République. ℞. Femme assise. Arg. 35 m/m. TB.

283 — Variété. Tête casquée, même revers. Arg. 35 m/m. TB.

284 — Autre. Allégorie. Même revers. Arg. 35 m/m. TB.

285 **Décorations**. *Croix du Saint Esprit*. Des deux côtés, une colombe descendant, posée au centre d'une croix de Malte cantonnée de 4 lis. Arg. bélière. B. Rare.

286 Lot de décorations diverses : Légion-d'honneur (4 p.), Crimée, Baltique, Mexique, Italie, Madagascar, Chine, etc., Arg. Mentana (2 p.). Ens. 23 p. TB. A diviser.

JETONS

287 **Louis XIV**. *Conseil du Roi*. 1650. Arg. TB.

288 *Conseillers du roi, notaires*. Tête laurée. ℞. Cadran. Arg. TB. Rare.

289 — Variété, daté 1700. Arg. TB. Rare.

290 **Louis XV**. *Extraordinaire des guerres*. 1749. Arg. TB.

291 — Autre. 1764. Arg. TB

292 *Trésor royal*. 1724. Arg. TB.

293 — Autre. L'arche de Noé. 1742. Arg. TB.

294 — Autre. Champ de blé, 1749. Arg. TB.

295 *Huissiers à cheval*. Buste lauré et drapé. ℞. Saint Martin à cheval et le pauvre. 1731. Arg. TB. Rare.

296 *Conseillers du roi notaires*. 1720. Tête au bandeau. ℞. Cadran. Arg. TB.

297 *Conseillers du roi agents de change*. 1718. ℞. La Vérité. Arg. TB.

298 **Louis XVI**. *Trésorerie générale de la maison du Roi*. Deux L couronnées. Arg. TB.

299 *Conseillers du roi agents de change*. Tête au bandeau. ℞. La Vérité. 1777. Arg. TB. Rare.

300 **Paris**. *4me Prévôté de Claude Le Peletier*. Hercule assommant Géryon. 1675. Arg. TB. Rare.

301 *Prévôté de M. de Castagnère*, marquis de Chateauneuf. Ecu à ses armes. 1723. Arg. TB.

302 *4e Prévôté de Turgot*. 1738. Arg. TB.

303 *Communauté des maitres Boulangers*. Buste lauré de Napoléon Ier. ℞. Saint Honoré. Arg. TB.

304 *Communauté des mds Cordonniers*. Buste de Louis XVI à g. ℞. La Vierge et deux ouvriers travaillant. Arg. TB. Rare.

305 *Communauté des maîtres Menuisiers et Ebénistes*. 1748. La Vierge enfant et Sainte Anne. Arg. TB. Rare.

306 *Les Gardes marchands de vins*. Leur écu. ℞. Autel. Arg. TB.

307 *Confrérie de Saint Jacques le Grand*. Armoiries. ℞. Sabre, bourdon et chapeau de pélerin. 1789. Arg. TB. Rare.

308 *La Sorbonne*. Buste de Sorbon de face. ℞. Portail de la Sorbonne. 1642. Octog. Arg. TB.

309 *Lycée des Arts*. 1792. Apollon debout. Arg. TB.

310 *Ecoles de Paris*. 1752. PETIT ARDVA NISV. Apollon et enfant. ℞. PRÆCENTORI ECCLESIÆ PARISIENSIS. 1735. La Vierge. Arg. TB. Rare.

311 *Faculté de médecine*. Buste de Portal à g. 1809-1810. ℞ SERVAT ET PERFICIT. Ecu. (T.N. XLVII. 7). Arg. TB.

312 — Autre. Légende dans le champ. 1818. (Manque au Trésor Num.). Arg. TB.

313 *Société de Médecine*. SOCIÉTÉ DE MÉDECINE DE PARIS — 2 GERMINAL AN 4. ℞. CONSULTATIONS GRATUITES 22 MARS 1796. Bâton d'Esculape. Arg. TB. Rare.

314 *Collège de Pharmacie*. 1778. Coq et serpent. Arg. TB.

315 *Jeton de jeu*. La Fortune assise à g. ℞. Monogramme dans une couronne. Hexagone. Arg. TB.

316 *Chambre des avoués*. CHbre DES AVOUÉS DU TRIBal DE Ire INSTce. Arrêté des Consuls du 13 frim. an 9. ℞. MONET NE ARGUAT. 1801. La Loi assise de trois quarts à g. Octog. (manque à Millin et au Trésor Num.). Arg. TB.

317 An 9. ℞. MONET NE ARGUAT. La Loi assise à g. 1802. Octog. (M. XXIV. 177). Arg. TB.

318 *Huissiers*. La Justice debout. ℞. CHAMBRE DES HUISSIERS CRÉÉE LE I FRIMAIRE AN 10. Écu et guirlande (T.N. 87, 12). Octog. Arg. TB. Rare.

319 — Tête de Louis XVIII à g. Octog. Ar . TB.

320 — Chambre de discipline. Buste de Louis XVIII à g. avec épaulettes. Octog. Arg. TB.

321 *Caisse Patriotique*. CAISSE PATRIOTIQUE ÉTABLIE A PARIS EN 1791. ℟. Mercure et la Liberté se donnant la main. Octog. (H. XXVII. 291). Arg. TB. Rare.

322 *Canal du centre*. CANAL DU CENTRE OUVERT EN SEPTEMBRE 1792 dans une couronne de roseaux. ℟. LE GÉNIE LES RÉUNIT POUR L'UTILITÉ DE COMMce. — RÉGIE I. PRAIRIAL, AN 7. Génie entre la Loire et la Saône Octog. Arg. TB. Rare.

323 *Orient de Paris*. ARS ÆQUI ET BONI. La Justice à g. ℟. IN LEGIBUS SALUS. 1804. Lion derrière les tables de la Loi. (T.N. VI. 10). Arg. TB. Rare.

324 *Loge de Saint Jean*. Le Saint debout. ℟. Insignes. Arg. TB.

325 *Loge de Saint Jean de la Palestine*. 1806. Triangle rayonnant. ℟. Colonnes, autel, insignes, etc. (T.N. XVII. 9). Arg. TB. Rare.

326 *Administration des Eaux*. 1788. Armes de Paris. ℟. LE DIEU DU FEU DEVIENT LE DIEU DES EAUX. Vulcain tenant l'urne de la Seine. Octog. TB. Rare.

327 *Commerce de bois neuf*. Chêne. ℟. L'île Louviers. An XII. Octog. Arg. TB.

328 *Bois flotté*. Buste de Sallonier à g. ℟. Un abattage de bois. Octog. Arg. TB.

329 *Commerce de charbons de bois*. Paris, an 13. ℟. Préparation du charbon. Octog. Arg. TB.

330 *Réunions des Assureurs particuliers*. 1830. Vaisseau, diligence, pont et bateau dans un paysage. Octog. Arg. TB.

331 **Province.** *Alger*. CHAMBRE DE COMMERCE D'ALGER. ℟. Ruche entre une plante et un palmier. Octog. Arg. TB.

332 *Angers*. Mairie de M. Poulain, seigneur de la Guerche. Ecu à ses armes. ℟. Fontaine. 1737. Arg. TB. Rare.

333 *Avignon*. Chambre de Commerce. Tête de Bonaparte. An XI. (T.N. XCIV. 10). Arg. TB. Rare.

334 *Baugé*. Chambre des notaires. La Loi assise de face. Octog. Arg. TB.

335 *Bordeaux*. Conseillers du roi notaires. Buste lauré de Louis XV. ℟. Lion à g. 1756. Arg. TB. Rare.

336 — Autre. Buste de Louis XVI. Même revers et date. Arg. TB. Rare.

337 Notaires. Buste de Louis XVIII à g. Octog. Arg. TB.

338 — Tête nue de Louis-Philippe à g. Octog. Arg. TB.

339 La Garonne. Assurances maritimes. Rivière couchée. Dessous, ancre, caducée et serpent en sautoir. Octog. Arg. TB.

340 *Béthune*. Chambre des notaires. La Loi assise à g. 1864. Octog. Arg. TB.
341 *Coulommiers*. Chambre des notaires. 1820. Tête de Louis XVIII. Arg. TB.
342 *Elbeuf*. Manufacture. Tête de Louis XV. Arg. TB.
343 *Salines de l'Est*. Tête laurée de Napoléon Ier à g. 1806. Octog. Arg. TB.
344 — Buste de Louis XVIII. Octog. Arg. TB.
345 — Variété dans la légende du revers. Octog. Arg. TB.
346 *Compagnie de la Guyane*. Nègre à g. dans un paysage. ℟. AGRICULTURE ET COMMERCE. Octog. Arg. TB. Rare.
347 *Hainaut*. Tête laurée de Louis XV à dr. ℟. DOMAINES ET BOIS DU HAYNAULT. 1743. Forêt. Arg. TB. Très rare.
348 *Le Havre*. Assurance solidaire 1783. Buste de Louis XVI. Octog. Arg. TB.
349 Chambre d'assurance. 1786. Même buste. ℟. Vaisseau. Octog. Arg. TB.
350 — Variété. ℟. Naufrage. Octog. Arg. TB.
351 — Autre 1802. Type des deux revers précédents. Octog. Arg. TB.
352 — Autre. 1816. Tête de Louis XVIII. ℟. Vaisseau. Octog. Arg. TB.
353 *Languedoc*. Les Etats. 1769. Buste lauré, cuirassé de Louis XV. ℟. Armes. Arg. TB.
354 — 1780. Buste de Louis XVI à g. Arg. TB.
355 *Laon*. Chambre des notaires. 1810. Tête laurée de Napoléon Ier. Octog. Arg. TB.
356 — 1816. Tête de Louis XVIII. Octog. Arg. TB.
357 *Louviers*. Notaires. Tête de St-Louis à dr. ℟. Charte. Octog. Arg. TB.
358 *Nantes*. Notaires du roi, du comté et du diocèse. Petit buste lauré de Louis XV. Arg. TB. Rare.
359 — Variété. Grosse tête laurée et drapée. Arg. TB.
360 — Autre. Tête de Louis XVI. Arg. TB.
361 *Orléans*. Mairie de M. Colas de Mondru. 1745. Ecu à ses armes. Arg. TB.
362 Mairie de M. Baguenault. 1748. Ecu à ses armes. Arg. TB.
363 Mairie de M. Berthereau de la Giraudière. 1751. Arg. TB.
364 Mairie de M. Tassin. 1754. Ecu à ses armes. Arg. TB.
365 Mairie de M. Colas des Francs. 1760. Ecu à ses armes. Arg. TB.
366 Mairie de M. Raimond Massuau. 1768. Ecu à ses armes. Arg. TB.
367 Mairie de M. Hudault. 1774. Ecu à ses armes. Arg. TB.

368 Mairie de M. Seurat, seigneur de Guilleville. 1780. Ecu à ses armes. Octog. Arg. TB.

369 Mairie de M. Massuau de Laborde. 1783. Ecu à ses armes. Octog. Arg. TB.

370 Mairie de M. Grignon de Bonvalet. 1786. Ecu à ses armes. Octog. Arg. TB.

371 Compagnie des marchands de la Loire. Fleuve couché. Au dessus 2 ancres en sautoir, cantonnés de lis. 1735. ℞. Vue d'Orléans. Arg. TB.

372 — Variété, datée 1739. Arg. TB.

373 Le pont d'Orléans. 1760. ℞. Fleuve assis et échafaudage. Arg. TB.

374 *Pontoise.* Chambre des notaires 1816. Armoiries royales. Octog. Arg. TB.

375 — Tête nue de Napoléon III. Octog. Arg. TB.

376 *Rouen.* Chambre d'assurances. Buste lauré de Louis XV. Arg. TB.

377 Communauté des marchandes lingères. Tête de Louis XVI. Arg. TB.

378 *Saint-Seurin.* Société des aciéries James Jackson et fils. ℞. Usine et marteau pilon. Arg. TB.

379 *Sainte-Menehould.* Notaires. Armoiries. Octog. Arg. TB.

380 *Saumur.* Chambre des notaires. Arg. TB.

381 *Semur.* Compagnie des notaires. 1867. Arg. TB.

382 *Senlis.* Chambre des notaires. Tête de Louis XVIII. Octog. Arg. TB.

383 — Tête couronnée de chêne de Louis-Philippe. Octog. Arg. TB.

384 *Strasbourg.* Centenaire de la réunion à la France. 1781. Grande fleur de lis. ℞. Armoiries du magistrat Kageneck? dans une guirlande. Octog. Arg. TB. Rare.

385 Compagnie du Canal Monsieur. Canal et écluse. ℞. LOI DU 5 AOUT 1821 dans une couronne. Octog. Arg. TB.

386 *Tours.* Mairie de M. Blanchereau. 1771. Tête laurée de Louis XV. ℞. Ecu de la ville. Arg. TB.

387 **Portugal.** *Paix d'Utrecht.* JOANNES V. D. G. PORTUGALIÆ REX. Son buste lauré, cuirassé et drapé à dr. Au bas MDCCXV. ℞. NECLIT ET FIRMAT. Olivier portant 3 couronnes radiées. Dessous TRAIECTENSIS (Van Loon, v. 258. 1). Arg. TB. Rare.

PARIS. — IMP. CHAUFOUR, 8 & 10, RUE MILTON

C. CHAUFOUR
RUE MILTON 8-10
PARIS

www.ingramcontent.com/pod-product-compliance
Ingram Content Group UK Ltd.
Pitfield, Milton Keynes, MK11 3LW, UK
UKHW020229180726
13838UKWH00005B/2282

9 782329 464558